ORAISON FUNÈBRE

DE

MGR BASTIDE,

PRONONCÉE DANS L'ÉGLISE PAROISSIALE D'ORNANS

Le 15 avril 1875,

PAR

M. LE CHANOINE BESSON.

BESANÇON,

IMPRIMERIE ET LITHOGRAPHIE DE J. JACQUIN,

Grande-Rue, 14, à la Vieille-Intendance.

—

1875.

ORAISON FUNÈBRE

DE

MGR BASTIDE,

PRONONCÉE DANS L'ÉGLISE PAROISSIALE D'ORNANS

Le 15 avril 1875,

PAR

M. LE CHANOINE BESSON.

BESANÇON,

IMPRIMERIE ET LITHOGRAPHIE DE J. JACQUIN,

Grande-Rue, 14, à la Vieille-Intendance.

—

1875.

OBSÈQUES DE MGR BASTIDE.

Le corps de Mgr Bastide, ramené de Rome par M. Léon Bidalot, neveu de l'éminent prélat, a été transporté en Franche-Comté, selon le désir exprimé par le défunt, pour être enterré dans la chapelle de Notre-Dame du Chêne, près d'Ornans.

A son arrivée à la gare de Besançon le mardi 13 avril dernier, un certain nombre d'ecclésiastiques se sont présentés pour le recevoir et lui faire cortége jusqu'au delà des portes. Deux anciens zouaves pontificaux, M. Philibert de Jallerange et M. Louis de Lachaise, se sont joints au convoi funèbre. Après ces premiers honneurs rendus par la religion et par l'amitié, le corps a pris la route d'Ornans, sous la direction de M. l'abbé Bruchon, l'un des vicaires de cette ville, et on l'a déposé le soir même dans une chapelle ardente préparée à l'hôpital.

Les obsèques ont eu lieu le 15 avril, à neuf heures du matin. M. l'abbé Ruckstuhl, vicaire général, délégué spécialement par Mgr le cardinal archevêque de Besançon, a fait la levée du corps et chanté la grand'messe. M. le chanoine Besson a prononcé l'oraison funèbre. Deux chanoines de la métropole, MM. Suchet et Lémontey, et deux aumôniers militaires, M. l'abbé Echenoz, aumônier de la place de Besançon, et M. l'abbé Mittelheisser, aumônier de la place de Belfort, tous deux décorés de la Légion d'honneur et revêtus des insignes de leur charge, tenaient les coins du poêle. On voyait sur le cercueil les croix de la Légion d'honneur et de Mentana, la *cappa* de la grande prélature, et le camail d'hermine doublé de violet que portent les chanoines de Sainte-Marie-Majeure.

Toute la ville d'Ornans a fait cortége à ce cercueil chargé de tant d'honneurs. Les rues, les places, l'église paroissiale et ses abords étaient remplis d'une foule respectueuse et attendrie. Parmi les personnes qui ont pris part à ce grand deuil, chacun a remarqué au premier rang M. le comte de Mérode. Notre député s'était fait un devoir de venir payer ce dernier tribut de respect, d'affection et de reconnaissance au prélat qui fut tout à la fois et son ami et celui de son illustre frère, Mgr de Mérode, archevêque de Mélitène, aumônier de Sa Sainteté. Plusieurs magistrats, des officiers, toutes les notabilités du pays, s'étaient réunis dans cette cérémonie qui était si pleine de tristesse et de gloire, puisqu'elle consacrait la douleur publique et la mémoire d'un Comtois cher à tous les gens de bien. A trois heures de l'après-midi, le cortége s'est formé de nouveau autour du cercueil, et la dépouille mortelle de Mgr Bastide a été conduite processionnellement dans la chapelle de Notre-Dame du Chêne

ORAISON FUNÈBRE
DE MGR BASTIDE.

Vir amabilis ad societatem, magis amicus erit quàm frater.
Homme vraiment aimable, né pour la société, ce fut plus qu'un frère, ce fut un ami. (*Prov.*, XVIII, 24.)

Ces paroles sont un portrait, et vous y reconnaissez du premier coup l'ami que nous venons pleurer. Je peux les lui appliquer en toute confiance, je peux les répéter devant cette dépouille mortelle dans toute leur exactitude, toute leur noblesse et toute leur émotion. Rome les avait à la bouche en saluant au départ le cercueil du saint prélat; Florence lui a payé deux fois le tribut de ses regrets; Paris l'a déjà loué par la plume amie d'un grand écrivain; partout où sera portée la nouvelle de sa mort, ceux qui l'ont connu sentiront monter de leur cœur à leurs lèvres ce souvenir de la sainte Ecriture; et comme il suffit, pour l'avoir connu, pour l'avoir aimé, d'avoir été pendant quelques jours l'hôte de la ville éternelle, quel est le pèlerin, quel est le voyageur qui ne redise aujourd'hui dans les deux mondes, avec l'accent de la reconnaissance et de la douleur : C'était un homme d'un commerce vraiment aimable, c'était plus qu'un frère, c'était un ami : *Vir amabilis ad societatem, magis amicus erit quàm frater.*

Il y a dans cette vie quelque chose de particulier et d'extraordinaire qu'il convient de mettre en relief pour montrer tout ce que Dieu peut faire des hommes quand il lui plaît de s'en servir. Etudions ce prêtre vraiment aimable entre tous les prêtres de son siècle. Sa vocation n'a rien de commun ; son ministère, tout exceptionnel, n'en est pas moins tout apostolique ; sa mort elle-même, par une autre exception, semble déjà la récompense anticipée d'une vertu si belle, en sorte que, soit qu'il réponde à l'appel du divin Maître, soit qu'il prêche sa loi sainte, soit qu'il tombe avant l'heure, son amabilité sainte ne change pas, et le portrait que j'emprunte à l'Ecriture demeure jusque dans ce cercueil plus ressemblant que jamais : C'est notre frère, c'est notre ami, c'est l'homme du plus aimable commerce : *Vir amabilis ad societatem, magis amicus erit quàm frater.* C'est ce que vous verrez dans l'oraison funèbre consacrée à la mémoire de *Monseigneur Paul-Félix-Gustave Bastide, prélat domestique de Sa Sainteté, abréviateur du Parc Majeur, chanoine titulaire de Sainte-Marie-Majeure, ancien aumônier des armées française et pontificale.*

I. Le divin Maître, à qui un regard suffisait pour s'attacher ses apôtres, n'avait qu'un mot à dire pour changer les pêcheurs de poissons en pêcheurs d'hommes : Venez, suivez-moi : *Veni, sequere me.* La race des pêcheurs d'hommes se recrute depuis dix-huit siècles avec cette divine parole. Mais la voix d'en haut n'est pas entendue au même âge ni de la même manière. On trouve des apôtres à la sixième heure comme à la troisième. Dieu seul sait de toute éternité ceux qu'il appelle et qu'il prédestine. Pour sauver une âme, il change, quand il le faut, les bornes des empires, et il remue tout le genre humain. Que ne fera-t-il pas quand il s'agit de former un prêtre qui doit lui-même sauver les âmes ? Aussi ne suis-je pas surpris qu'il ait préparé ici le prêtre dans l'homme du monde, et qu'il ait comblé Mgr Bastide de tous les dons de la nature avant de lui révéler les secrets desseins de sa grâce.

Certains dons de la nature sont rares dans nos contrées. Les grandes qualités de la race comtoise ne revêtent pas toujours d'agréables dehors. La perspicacité de l'esprit, la solidité du jugement, l'habitude de la réflexion, l'amour de l'étude, qui font de cette race une des premières du monde, n'ont pas communément à leur service une imagination vive, une mémoire heureuse, une parole facile, et c'est un autre soleil qui fait fleurir la beauté. Il n'en sera pas ainsi de notre compatriote. Par une heureuse exception, il reçut en partage tous les charmes de la figure aussi bien que tous les enthousiasmes et toutes les émotions de l'âme. Mais les vivacités de l'enfance ne laisseront pas même deviner aux plus habiles ce qu'il pourrait devenir un jour. Quand on l'interrogeait sur son éducation et sur ses premières années, il se souvenait de ses maîtres bien plus pour les avoir aimés que pour les avoir satisfaits, ne laissant pas ignorer qu'il n'avait été qu'un écolier médiocre, et que les espiègleries d'une jeunesse dissipée, mais chrétienne, n'avaient pas fourni une ample matière aux applaudissements des concours publics. Il commence à treize ans sonnés ses premières études de latin ; cependant le *Palmarès* de l'année ne le cite qu'une fois, et encore parmi ceux qui méritèrent plutôt des encouragements que des couronnes. Couronnes souvent trompeuses, m'écrierai-je ici, et qui ne donnent pas toujours des fruits après les premières fleurs ! Voyez-vous croître et grandir derrière les lauréats oubliés cet enfant à la physionomie ouverte et franche, au vif regard, à la voix sonore, au parler facile, au gracieux sourire. Il y a en lui je ne sais quoi d'attrayant, de communicatif et de contagieux. C'est Gustave Bastide. Il est le dernier venu d'une famille nombreuse, intelligente et chrétienne, mais chacun s'y dispute le plaisir de l'aimer. Sa mère l'excuse toujours ; ses sœurs auront pour lui les soins et la tendresse d'une mère ; son frère aîné travaille à sa fortune au delà des mers pour la confier un jour à cet enfant devenu prêtre, avec charge de la transmettre par égale part aux pauvres d'Ornans et d'Alger ; son père fait reposer sur sa jeune tête toutes les espérances d'un nom qu'il a honoré par son travail, et son ambition est qu'il fournisse un jour la carrière du barreau.

Mais ni le père ni le fils n'étaient encore entrés dans les conseils de la divine Providence. Gustave pouvait-il rêver autre chose qu'une jeunesse heureuse, des devoirs faciles, des plaisirs permis? Il avait dès le commencement surpris sans s'en douter le grand secret des affections humaines : Pour être aimé, il faut soi-même aimer les autres : *Si vis amari, ama*. Qui n'aima-t-il pas et de qui ne fut-il pas aimé? Chacun nomme ici tout ce qu'il aima d'abord : ses maîtres, ses condisciples, son curé, sa ville natale. Il avait dix-huit ans quand il quitta cette ville pour la première fois ; mais il en emportait l'image dans son cœur, et cette image ne le quittera plus. Partout où le devoir, l'amitié ou l'étude lui fera dresser pour un jour la tente de sa vie, à Besançon, à Paris, à Rome, à Jérusalem, la vallée de la Loue se présentera à ses regards avec ses eaux transparentes, ses coteaux tapissés de vignes, ses routes aux brusques détours et ses paysages pleins d'ombre et de surprises. Besançon fut sa première halte. On l'y connut à cet âge critique où le caractère se forme et où le jeune homme choisit la route de son avenir. Son naturel heureux lui mérita beaucoup d'amis ; sa voix harmonieuse et pure était déjà remarquée, et l'église de Saint-Maurice en a gardé quelque souvenir. Il se préparait aux examens universitaires avec une médiocre ardeur, comme tous ceux de son âge et de sa classe. L'étude n'avait encore rien d'excessif. Au lieu de former comme aujourd'hui des générations sans cœur, qui s'imaginent qu'elles ont tout appris parce qu'il leur a fallu entendre parler de tout, elle laissait à la jeunesse d'agréables loisirs. La poésie, la musique, le dessin, la lecture des grands maîtres, tenaient une large place dans le programme qu'un jeune homme bien né se traçait à lui-même ; le diplôme du baccalauréat était, à la fin de l'année, un laurier facile à cueillir; on le recevait comme par surcroît, en prenant congé de la vie de collège ; mais ce n'était pas un certificat d'études finies; bien loin de vendre ses livres le lendemain de son examen, on se mettait à les relire avec plus d'attention, et les études sérieuses commençaient pour ne plus finir.

Ici se révèlent déjà les soins touchants que la divine Providence a pris de Gustave Bastide. Il était allé, sous la conduite de son père, frapper à la porte d'un chanoine de Besançon qui avait inauguré au séminaire d'Ornans sa brillante carrière pour l'honneur de la philosophie chrétienne, et qui devait l'achever sur le siège épiscopal de Montauban pour la gloire de l'Eglise universelle. M. l'abbé Doney accueillit l'étudiant avec une indulgente bonté, devina sa belle âme et, pressentant que Dieu avait des desseins sur lui, il se fit non-seulement son confesseur, mais son répétiteur pour le mettre à l'abri des dangers du monde. Personne ne disait soir et matin à l'écolier de cet heureux temps : Sois bachelier ! On lui disait : Sois un homme, sois un chrétien : *Esto vir !* M. Doney ajoutait quelquefois avec un grand sens caché sous une pointe d'ironie : « Quand tu seras bachelier, ne manque pas d'oublier ta philosophie, et ce ne sera pas difficile ; mais n'oublie jamais ton catéchisme. » Ce fut cette noble amitié qui sauva Gustave. Elle éveilla en lui une âme sérieuse, une âme virile, une âme de prêtre. Soyez béni jusque dans la tombe où vous reposez loin de nous, savant évêque, maître incomparable dont nous évoquons l'immortel souvenir. Vous ne refuserez pas, j'en suis sûr, la part qui vous appartient dans la vocation de notre ami, et nous pouvons vous dire en la retraçant : « Voilà le fruit glorieux de vos dernières leçons, voilà celui qui fut votre dernier disciple. »

Cependant l'heure du séminaire n'était pas encore venue. Que fera

Gustave de l'âme, déjà forte et brave, qu'il porte maintenant dans ses mains? Paris l'appelle, l'école de droit l'attend; est-ce pour le triomphe ou pour la ruine de cette vocation si lente à se déclarer? Pourquoi ne le dirais-je pas? la musique eut longtemps ses préférences dans sa vie d'étudiant; il chantait à ravir, et les sociétés du monde se disputaient la gloire de l'entendre. Ne craignez rien de ces succès flatteurs, il demeure chaste, il n'oublie au jour marqué ni l'église ni le confessionnal, le cercle de ses intimes se resserre et s'épure, et le voilà devenant lui-même chaque jour meilleur, chaque jour plus chrétien, offrant et donnant tour à tour la main de l'amitié à tous les jeunes gens qui veulent goûter dans le monde la joie qui n'a point de remords, la joie qu'une mère approuve et que Dieu bénit. Mais Dieu voulait davantage. Les conférences de Saint-Vincent de Paul commencent à fleurir, notre étudiant s'enrôle sous leurs bannières; on fonde des patronages, il y met ses premières épargnes; on ouvre les premiers cercles catholiques, il y va par curiosité, il y retourne avec intérêt, et sa conversation, déjà recherchée, commence à devenir un des charmes de la conférence. N'est-ce pas assez pour Dieu et pour l'Eglise? Non, plus cette âme se donne, plus elle sent le besoin de se donner encore. Elle cherche, elle croit avoir trouvé, et cependant, à mesure qu'elle s'attache aux bonnes œuvres, son ardeur augmente et lui en fait souhaiter de nouvelles. Les pauvres n'étaient que des ambassadeurs envoyés à sa rencontre par Jésus-Christ, qui voulait faire de lui un prêtre et un apôtre. O jeune chrétien, que tardes-tu? Il faut te rendre; écoute, Jésus t'appelle, il faut tout quitter pour le suivre : *Veni, sequere me.*

C'est la voix du P. Lacordaire que le Ciel a empruntée pour se faire entendre à l'âme de Bastide. L'illustre dominicain prêchait alors ses conférences sur Jésus-Christ, et notre légiste allait s'asseoir assidûment au pied de la chaire de Notre-Dame pour apprendre à plaider cette cause de notre divin Maître, toujours ancienne et toujours nouvelle, qui est la cause de l'humanité autant que de la religion. Ses études de droit étaient achevées, mais il ne prendra pas la robe d'avocat, c'est la robe du prêtre qu'il veut revêtir, c'est l'Evangile, le premier des codes, qui deviendra désormais le thème inépuisable de ses études. Là sa grande âme commence à se satisfaire, et l'art qu'il aimait avec tant de passion se révèle à lui jusque dans sa source éternelle, qui est Dieu. Mais où entreprendra-t-il son éducation ecclésiastique? Est-ce à Saint-Sulpice, est-ce à Besançon? Saint-Sulpice est à deux pas, il ne ferait que changer d'école sans changer

*

de résidence. Besançon lui rendrait des relations agréables, et l'air de la Comté ferait, ce semble, mieux respirer son âme. Mais que dis-je? ce sont partout des liens à briser, mais il lui faut mourir au monde au lieu de le rechercher encore; Jésus l'appelle à Rome, c'est à Rome qu'il lui révélera toute sa vocation : Viens, suis-moi jusque-là : *Veni, sequere me.*

Quelle détermination inattendue! Son père, instrument involontaire des desseins de la Providence, ne pouvait s'accoutumer à la pensée de voir ensevelir dans un séminaire tout le fruit de ses études, et il lui avait fait un devoir d'aller en Algérie commencer sous les auspices d'un frère aîné son stage d'avocat. Mais Gustave, arrivé à Marseille, fait voile pour Rome et non pour Alger. Il a trouvé dans ce frère qui l'aime un généreux complice; il aura en lui un défenseur, il fléchira par lui la volonté paternelle, Dieu fera le reste. Trois ans s'écoulent, et déjà il tarde au père de revoir son fils et de l'embrasser. Son dernier né, devenu prêtre, va donner à Ornans la joie d'une première messe. Le voici, ce nouveau prêtre, revenant de Rome, l'onction sainte sur les mains, l'éloquence sur les lèvres, plus beau que jamais dans sa vive et brillante jeunesse, beau de toutes les grandeurs du sacerdoce et de toutes les espérances du ciel. Il sera donc véritablement un avocat, mais un avocat des affaires de Dieu. Le père reconnaît que ses vœux sont accomplis. Que dirait maintenant ce brave chrétien? Il embrassa le prêtre avec un saint enthousiasme, nous venons aujourd'hui au-devant du prélat avec des larmes et des couronnes. O père, combien ces larmes, ces couronnes, cette foule, ce grand renom, cette pompe mortuaire devenue un triomphe, sont encore au-dessus de vos plus légitimes espérances! Et quel est le père qui oserait rêver pour son fils tant de popularité, tant de bonheur et tant de gloire? Un mot explique tout. Votre Gustave a entendu Jésus, il l'a suivi, il l'a suivi jusqu'à Rome. Là était sa vocation dans toute sa plénitude; là sera sa mission dans toute sa grandeur. Ecoutez et jugez comment Dieu soutient, bénit, récompense ceux qui l'écoutent et qui entendent jusqu'au bout les paroles de l'appel sacerdotal : Venez et suivez-moi : *Veni, sequere me!*

II. De toutes les pages que la France a écrites dans l'histoire, il n'en est guère de plus belle ni de plus grande que celle de l'expédition de Rome. Il a suffi de six semaines pour rendre au pape la ville éternelle; mais nous avons lutté vingt ans encore avec l'épée, avec la plume, avec la parole, pour lui conserver cette couronne que saint Pierre a méritée à ses successeurs par son martyre, et que Pie IX, du haut de sa croix, mérite plus que jamais par sa patience et par sa magnanimité. Ne dites pas qu'elle est tombée sans retour aux mains de la révolution ; le pape qui l'a portée est toujours debout, il est toujours là, comme s'il attendait l'heure où l'Europe la lui remettra sur la tête. Ne dites pas à la France qu'elle a versé inutilement son encre, son argent, son sang le plus pur, pour défendre la souveraineté pontificale. Quand la force prime le droit, il n'y a rien de plus glorieux que d'avoir combattu pour le droit contre la force. Nous pouvons regarder Rome avec les yeux des héros, nous pouvons la célébrer avec les vers de Corneille. L'expédition de Rome demeurera dans l'histoire grande comme le devoir, belle comme l'honneur.

> N'eût-elle qu'un instant retardé la défaite,
> Rome en serait du moins un peu plus tard sujette.

Elle la retarda vingt ans, et c'en fut assez pour enfanter une génération de braves, d'orateurs, d'écrivains, de héros de tout genre. Comptez ce qu'elle nous a valu d'admirables discours, d'actes de foi, de traits d'héroïsme ; ce sont des pages pour les annales de l'éloquence et pour la vie des saints. Rappelez-vous les belles journées, Castelfidardo, Ancône, Mentana, Loigny : tantôt la défaite, tantôt la victoire, toujours l'honneur. Je renonce à compter les héros ; mais, pour ne parler que des morts, Pimodan, Lamoricière, Mérode, n'étaient-ils pas de vrais croisés ? Prêtre ou soldat, c'est le nom qu'ils méritent tous. Pour eux comme pour Rossi tombant sous le poignard, le cri de la croisade se réveille sur leurs lèvres : *Dieu le veut! Dieu le veut!* La cause du pape, c'est la cause de Dieu !

Parmi ces grands noms et ces grandes œuvres, la postérité reconnaissante fera une place à l'abbé Bastide. Dès le début de son ministère, on peut en pressentir toute l'influence, tant elle est douce, aimable, pleine de grâces. Il n'est encore qu'un humble chapelain dans l'église de Saint-Louis-des-Français, et cependant sa parole le distingue et le met en relief. Il sent qu'il a reçu une mission, et il cherche à s'en rendre digne à force de piété, d'étude et de courage. Cette mission, c'est de faire aimer chaque jour davantage la France à Rome, Rome à la France, et de servir ainsi l'Eglise et le pape auprès de l'univers entier.

Pour être fidèle à cette vocation, le jeune prêtre refusera les offres les plus séduisantes et les plus capables de lui faire quitter la ville éternelle. Mgr Doney l'appelle à Montauban et le presse d'accepter un emploi de directeur dans son séminaire diocésain ; comment résister aux instances d'un tel bienfaiteur? Le gouvernement lui propose le poste d'aumônier de l'hôpital du Val-de-Grâce; comment décliner une charge qu'il est plus qu'un autre en état de bien remplir? En dépit de toutes ces tentations, l'abbé Bastide demeurera à Rome et y passera toute sa vie. L'état de ses services n'est pas de ceux qu'on dresse avec des chiffres ; il faudrait, pour le faire, recueillir le témoignage de tous ceux qui l'ont vu et entendu pendant vingt-cinq ans. Je ne veux cependant rappeler ici ni le cicerone si obligeant et si instruit, qui vous faisait apprécier les monuments d'un regard et qui vous peignait d'un mot les hommes qu'il rencontrait sur son passage ; ni le causeur charmant qui animait par des anecdotes si piquantes et si variées le feu de la conversation; ni l'hôte généreux dont la table hospitalière était toujours dressée, le cœur et la bourse toujours ouverts. Ne nous souvenons que de l'apôtre, car l'apôtre s'est révélé à des traits plus hauts et plus frappants. Jésus-Christ a dit de ceux qu'il a envoyés pour conquérir le monde qu'ils parleraient des langues nouvelles : *linguis loquentur novis*. Ce fut là le mérite, le charme et, pour ainsi dire, le miracle de la prédication entreprise et continuée par l'abbé Bastide dans la ville des papes. Il parla, l'un des premiers, la langue du soldat; il mit le premier la langue des arts au service de Jésus-Christ et de son Eglise.

Quel type accompli de l'aumônier militaire ! Il avait fait l'apprentissage de ces délicates fonctions pendant le siège de Rome, en partageant avec Mgr de Mérode l'honneur de relever les blessés sur le champ de bataille et de veiller à leur chevet dans les ambulances. Mais devenu, depuis la rentrée de Pie IX, l'un des aumôniers de l'armée française, ce n'est plus aux balles de l'ennemi, c'est au choléra des hospices qu'il ira disputer le corps et l'âme de ses compatriotes. Le noviciat de Saint-André est l'asile de nos bataillons décimés par le fléau. Les chirurgiens meurent à la peine, les infirmiers tombent sans être remplacés, l'abbé Bastide est presque seul, et cependant il suffit à tout, au milieu de quatre cents malades. Il administre les remèdes, il entend les confessions, il reçoit le dernier soupir, il pleure, à la place des mères, tous ceux dont il a fermé les yeux, il les ensevelit de ses mains fraternelles. Heureux soldats qu'il avait embrassés au sortir de la vie et qui avaient goûté encore, en ce moment suprême, la joie de la patrie absente, croyant revoir, en embrassant leur aumônier, la France, leur village, leur curé, toute leur famille ! Que la France l'ait décoré sur ce champ de bataille, je ne m'en étonne pas. Que le pape l'y ait visité, félicité, récompensé comme au milieu du feu, et en bravant lui-même la contagion, je m'en étonne encore moins. C'est là que l'abbé Bastide a été fait prélat domestique de Sa Sainteté, là qu'il en a reçu les premiers insignes. Le camérier qui accompagnait Pie IX s'est dépouillé lui-même des marques de la prélature pour les offrir au chapelain de Saint-Louis. Il lui a dit avec ce ton familier et chevaleresque où vous reconnaîtrez l'âme et la voix d'un Mérode : « Tiens, Bastide, prends-les, tu les as bien gagnées ! »

Au sortir de cette terrible épreuve, Mgr Bastide parle avec plus d'assurance encore la langue du soldat ; mais jamais la familiarité qu'il autorise ne fera oublier le respect qu'on lui doit. Il entre dans les casernes comme dans sa propre maison, il fonde ou développe des cercles militaires, il prêche chaque année des retraites pascales, il entretient en France, en Suisse, en Hollande, en Belgique, des relations assidues avec les familles de nos zouaves et de nos légionnaires. Peu de lettres, mais beaucoup de zèle et d'action. Il est là, on le sait, tout est dit. Sa présence à Rome suffit à rassurer la mère au départ de ses chers enfants et à la consoler pendant leur absence. Elle essuie ses larmes en pensant qu'ils trouveront une maison où ils iront s'asseoir comme au foyer domestique, et que les leçons du catéchisme leur seront continuées avec cette discrétion agréable qui n'exclut dans la parole sainte ni le zèle ni la force et qui en assure le triomphe. Mgr Bastide catéchisait tantôt l'officier, tantôt le soldat, chacun à son tour et chacun dans sa langue. Dans les rues et sur les places, dans les promenades, dans les écoles, dans les salons, il catéchisait encore. Un mot, un regard, un sourire, tout prenait dans sa personne un aimable accent ; on saluait le prêtre, on serrait la main du véritable ami, mais jusque dans la poignée de main la plus familière, on trouvait comme l'expression de la foi et le souvenir du devoir.

Après la caserne le combat. Dans le combat comme dans la caserne, notre prélat n'a pas cessé un instant de poursuivre son glorieux ministère. Il était aumônier en chef de cette belle légion d'Antibes que notre archevêque recruta avec tant d'ardeur dans nos religieuses montagnes et qu'il a soutenue avec une générosité si princière dans ses vaillantes épreuves. Vous vous rappelez combien notre légion a cueilli de palmes dans les champs de Mentana. Quand vos yeux tomberont sur la gravure qui a consacré cette journée immortelle, l'intrépide aumônier vous frappera tout d'abord. Il est au premier rang, le chapelet à la main, contenant non sans peine l'élan de son courage et le galop de son cheval. Mais ce que le crayon n'a pu rendre, c'est sa parole. Le tambour bat, le clairon sonne, la mêlée s'engage. Les nôtres semblent plier, une voix qu'ils aiment les soutient et les ramène au feu. *Vive Pie IX! Vive la France!* A ce cri poussé dans la langue des Francs par le cœur d'un apôtre, qui n'a reconnu la voix et le cœur de l'aumônier de la légion? Les timides s'animent, ceux qui chancelaient se raffermissent, l'ardeur croît et grandit partout, voici le drapeau de la France à côté du drapeau de Pie IX, la bataille se gagne, et le triomphe de la révolution est encore retardé de trois ans.

Est-ce donc là le même homme qui semblait né pour les arts et qui interprétait avec tant de charme et de grandeur les fresques de Raphaël? C'est un autre lui-même, il parle une autre langue, mais c'est encore la langue de l'apôtre. Venez, à l'heure marquée, dans la cour de saint Damase, là vous trouverez la foule choisie qui l'attend, là il s'apprête à prêcher encore. Artistes, savants, gens du monde, nobles dames, montent à sa suite l'escalier des loges et pénètrent dans *la chambre de la signature*. Mgr Bastide, en l'abordant, rappelle que le nom est historique, que Jules II et Léon X y ont signé leurs bulles, que c'est de là qu'est sortie la condamnation de la réforme, mais que Raphaël l'avait écrite sur les murs avant que Léon X eût besoin de la fulminer et de la revêtir de l'anneau du pêcheur. Le dessein du peintre d'Urbin était de représenter dans le cabinet du saint-père la vérité ou la science en quatre grandes pages qui se font face deux à deux. Après avoir exposé cette idée, en prenant, pour ainsi dire, dans les mains du maître la clef de son génie, Mgr Bastide conduisait tour à tour son auditoire vers les poètes qui chantent, les législateurs qui écrivent les tables de la loi, les philosophes qui disputent et les théologiens qui enseignent la vérité, qui la voient dans l'amour et qui la goûtent dans l'extase. En face de la poésie, qui est l'expression du beau, la justice, qui est l'expression du droit. En face de l'école d'Athènes, où la diversité des doctrines est presque infinie et où il y a autant de têtes que de sentiments, l'école du Christ, l'école du saint Sacrement, où tout se lie, se suit, s'enchaîne et se rapporte au même centre. Il fallait entendre Mgr Bastide faire ressortir cette désespérante diversité de la science humaine et cette merveilleuse unité de la science divine. Il avait deviné toutes les intentions, étudié toutes les attitudes, surpris jusqu'aux regards à peine ébauchés. En attirant l'attention sur chacun des personnages mis en scène, tantôt il en rappelait l'histoire, tantôt il en faisait le portrait; mais, toujours maître de sa parole, il ne perdait jamais de vue qu'il fallait instruire autant que plaire, et que là il était prêtre, il était apôtre. Que de libres-penseurs ont réfléchi en reconnaissant à sa suite que dans cette école d'Athènes, dernière expression de la science de l'homme, chaque homme change de doctrine sans changer de mœurs, chaque disciple entend le maître à sa façon et le modifie à son gré, chaque progrès n'est qu'une erreur déjà ancienne parée d'un nom nouveau, jusqu'à ce qu'enfin la science humaine s'évanouisse dans un douloureux *que sais-je*, expression désespérée de son impuissance et de son dégoût ! Que de protestants se sont sentis émus, remués, saintement tourmentés par un sincère désir de conversion, en écoutant, les yeux fixés sur les pages de Raphaël, les oreilles suspendues aux lèvres de Mgr Bastide, cette belle théologie résumée dans le saint Sacrement, où le mystère du Verbe fait homme est voilé sous les espèces d'un pain qui n'est plus, au milieu de la plus grande scène que l'imagination puisse concevoir et embrasser. Le mystère du saint Sacrement, c'est toute la Bible, c'est tout l'Evangile, c'est toute l'Eglise, c'est tout le ciel, c'est toute l'éternité ! C'est Dieu, c'est l'homme, c'est l'Homme-Dieu se donnant au monde et donnant le monde à son Père dans le sublime abrégé de toute vérité et de tout amour.

Quand le cicerone cessait de parler, la conférence n'avait pas duré moins de deux heures. On sortait de cette chambre l'œil ébloui, mais l'esprit éclairé, le cœur satisfait, le goût délicatement flatté, l'imagination remplie de grandes images, la mémoire à jamais ornée de grands souvenirs. On en sortait comme d'une église, avec une sorte de recueillement. Les uns avaient cru entendre un grand peintre, tant ses critiques étaient fines, exquises, profondes ; les autres, un grand poète, tant son style avait de flamme et d'élan ; mais dans le geste, dans le ton, dans le regard, on avait senti quelque chose de plus grand, on avait senti et reconnu un apôtre. Ainsi prêchait notre prélat. Ses commentaires sur Raphaël étaient de véritables sermons. Ce mot est d'un évêque qui l'avait écouté et qui avait été témoin des merveilleux effets opérés sur les âmes par sa parole. Ce mot, Pie IX l'entendit et le ratifia : « Eh bien ! dit le pape, j'en suis content, et je ne puis que le louer ; qu'il poursuive son apostolat et qu'il fasse valoir les chefs-d'œuvre inspirés par notre sainte religion. »

C'étaient là les plaisirs de Mgr Bastide ; mais la révolution lui ôta une partie de ses devoirs. Rome, dont il goûtait la mystérieuse tristesse, perdit sous une domination étrangère une partie de son caractère et presque tous ses charmes. Deux fois veuve, et du peuple qui fut roi et du pape qui a cessé de l'être aux yeux de la révolution, ce n'est plus, ce semble, qu'une prison pour le saint-père, une retraite pour la grande prélature. Mgr Bastide y cherchait ses chers soldats et ne les trouvait plus. Comment y goûterait-il quelque joie, comment s'y résignerait-il au repos ? Ah ! je ne suis pas surpris de le voir prendre le bâton de pèlerin et s'acheminer vers Jérusalem. Il visite la Palestine, la Syrie, les côtes de l'Asie-Mineure, revient en France par l'Allemagne, étudiant, édifiant, prêchant partout. Il disait en retournant à Rome, après deux ans d'absence : « J'étais de la cour, j'étais de l'armée, il n'y a plus ni armée ni cour ; il ne me reste plus que le devoir de servir Dieu, d'aimer le pape et de prier pour lui. » Vous vous trompez, ô saint prélat ! Il vous reste à mourir pour lui. Revenez pour mourir à Rome Il n'y a plus de cour ; mais c'est de là que vous prendrez votre essor vers la cour céleste. Il n'y a plus d'armée ; mais c'est là que vous serez enrôlé dans l'armée des anges. Vous n'y prêcherez plus devant les fresques de Raphaël le Dieu caché sous les voiles de l'énigme ; mais c'est là que le voile va se déchirer pour vous et que vous verrez face à face ce Dieu qui vous a dit : Allons, courage, suis-moi jusqu'à Rome, demeure à Rome jusqu'à la mort : *Veni, sequere me !*

III. Le Dieu qui suscite et qui envoie les apôtres n'a pas borné à la terre et au temps leur sacré ministère. Ce n'est pas assez pour le remplir de renoncer au monde, il faut quelquefois renoncer à la vie. Jésus debout à la droite de son Père fait toujours parler en notre faveur les plaies éloquentes de sa passion et de sa mort ; mais il a, dans cette attitude de réconciliateur, une suite brillante, une cour céleste qui augmente tous les jours ; il appelle derrière lui, souvent avant l'heure, des âmes qui se donnent, qui se livrent, qui devancent la nature et le temps, pour joindre aux mérites infinis de Jésus-Christ les mérites surabondants de leur mort prématurée, et qui, payant ainsi avec leur dette personnelle quelque chose de la dette nationale et publique, hâtent la signature du traité de paix que Dieu veut faire avec les hommes.

Quand je vois tomber autour de la croix où Pie IX demeure vivant dans sa sagesse infaillible et son inépuisable charité, ces héros, ces religieux, ces évêques frappés dans la fleur de leur âge, comment n'y pas voir une ambassade presque toute française, envoyée par l'Eglise militante, et qui vient plaider la cause de l'Eglise et de la France auprès de Dieu qui les écoute ? Qu'est-elle devenue, cette belle colonie transplantée à Rome autour du trône restauré de Pie IX et si brillante de jeunesse, de vigueur et de magnanimité?

Le monde semble défaillir, les crimes augmentent, des ténèbres visibles obscurcissent les esprits, on ne peut plus lutter avec la parole, avec la plume, avec le glaive Eh bien ! l'Eglise va jeter dans la balance un poids immense de dévouement et d'amour. Elle y mettra le nom, la santé, l'avenir des plus illustres serviteurs de la papauté et les derniers restes des plus belles œuvres. La légion d'Antibes sera décimée à Héricourt, les zouaves tomberont à Loigny sous le drapeau du Sacré Cœur. Ce n'est pas assez, chaque année aura ses grandes victimes Ce n'est pas assez, même en une seule année, que Mr de Mérode, après y avoir mis sa fortune et sa gloire, y mette encore sa tête ; le P. Freydt tombera après lui, autre holocauste de science et de charité ; mais l'ambassade française n'est pas complète encore, voici le tour de Mr Bastide.

Pourquoi ne le dirais-je pas ? Cet appel l'a surpris au premier abord, et c'est à peine s'il y pouvait croire. Il avait déjà été averti, et la mort l'avait comme frappé à l'épaule et marqué d'un signe. Mais est-il étonnant qu'on n'aperçoive pas ce signe mystérieux, quand on a cinquante-sept ans, un tempérament robuste, un esprit plein de grands projets, tant d'ouvrages dans la tête, dans le cœur, et qui n'attendent plus que la plume pour éclore ? Il avait, il est vrai, déjà marqué sa sépulture au milieu de vous et préparé sa tombe à la porte de Notre-Dame du Chêne. Mais c'étaient les prévisions de la sagesse plutôt que les pressentiments d'un si prochain avenir. Auriez-vous cru que la visite qu'il vous fit dans le dernier automne serait la dernière de sa vie mortelle ? Nous qui l'avions vu au pied de cette chaire paré des insignes de la haute prélature, aurions-nous cru que nous ne devions y remonter que pour le pleurer lui-même, aurions-nous cru que ces insignes ne figureraient plus que sur un tombeau ?

C'était l'illusion de tous ses amis, ce fut aussi la sienne. Quand la maladie l'accable et le réduit, il s'étonne, il se révolte, et de cette voix, de ce geste avec lequel il se fit entendre à Mentana, voilà qu'il s'écrie tout d'abord : « Non, les Bastide ne meurent pas comme cela ! » Laissez échapper ce dernier cri de la nature, la grâce sera la plus forte, il l'écoute, il l'accueille, il finit par la comprendre et la bénir : « J'ai médité toute la nuit, dit-il, mon sacrifice est fait, j'accepte la » mort avec joie. » Une fois cette parole prononcée, ne craignez pas qu'il la rétracte. Venez le voir sur son lit de douleur, venez apprendre comment on meurt à Rome, venez apprendre à mourir. Notre prélat demande lui-même l'extrême-onction, il indique toutes les cérémonies, il répond à toutes les prières. Ce dernier sacrement reçu, le prêtre de Rome ne s'éloigne plus du mourant. Il met l'étole sur le lit comme pour prendre possession de son domaine et faire voir que le reste de cette vie qui s'en va appartient à l'Eglise. Ainsi, bien loin d'écarter le prêtre comme un témoin importun, on le retient, on l'écoute, on l'invite à prier encore ; c'est l'ange du départ qui vient briser à force de prières les liens du corps à demi rompus et donner aux ailes de l'âme le premier essor. Il demeure là jusqu'à la fin, tenant d'une main le rituel ou le bréviaire, de l'autre le crucifix, observant ce front d'où découle une sueur mortelle, ces lèvres qui pâlissent, ce regard qui s'éteint. Mais la grande âme de notre ami ne s'éteignait pas : elle demeurait debout sur les ruines de son corps épuisé. Quatre jours et quatre nuits d'agonie n'ont pu la réduire. Si le prêtre fatigué s'éloigne un moment, le mourant le rappelle. Une main est demeurée libre dans ce corps envahi par la paralysie, il ne cesse de s'en servir pour porter le christ à ses lèvres ; c'est la main qui a béni nos soldats dans les hospices, c'est la main qui brandissait le chapelet, comme un glaive, dans les champs de Mentana. O mort ! ô cruelle mort ! non, tu ne la glaceras pas avant l'heure suprême ! O mort ! éloigne-toi encore un moment, et laisse approcher les derniers visiteurs.

Trois fois Pie IX a voulu réconforter par ses bénédictions celui qu'il ne cesse pas d'appeler son cher Bastide, et chaque fois le mourant porte son crucifix à ses lèvres avec une nouvelle expression de foi et de reconnaissance. Cependant la France ne cessera pas de venir à cette agonie. Voici d'abord notre ambassadeur auprès du saint-siége, qui veut revoir encore celui qu'il traite en vieil ami et en qui il retrouve tous les souvenirs de ces deux missions si chères au pape dans des temps si différents. Voici un autre ami de France, un prélat de la maison de Sa Sainteté. Place à Mgr de Ségur auprès de ce lit de douleur ! Il arrive à travers des espaces immenses de terre et de mer, il apporte au mourant les adieux de la patrie, il l'entretient de l'Eglise, du saint-père, de la France, du ciel, auprès duquel la plus belle patrie de la terre n'est qu'un brillant exil. Quel sublime entretien ! quels doux embrassements ! quels adieux fraternels ! La France reviendra encore une fois dans la personne d'un autre prélat qui en représente les traditions et qui en défend les intérêts à Rome avec l'autorité d'un grand nom et d'une grande vertu. Mgr de Rayneval, supérieur de Saint-Louis-des-Français, est à peine entré dans la chambre que l'agonisant le reconnaît et cherche sa main pour la baiser avec un pieux respect. C'est entre les deux amis comme un combat d'humilité et de tendres sentiments. Il faut céder à la douce violence du visiteur, laissez-le poser ses lèvres émues sur cette main brûlante qui ne vient de quitter le crucifix que pour le reprendre encore et le demander toujours. Plus l'âme achève de se détacher, plus elle regarde dans l'avenir. Les yeux du mourant parlent comme sa main. Quelle lumière ! quels transports ! Ce regard inspiré, qui pénétra si profondément dans les fresques de Raphaël, a entrevu quelque chose au delà de la terre et au delà du temps. Au soudain rayon qui perce la nue, il a reconnu un personnage vêtu d'une lumineuse blancheur qui vient comme entr'ouvrir les rideaux de son éternité ; il le nomme ; nous pouvons bien le nommer après lui ; c'est un nom plus grand encore que tous les autres, c'est un nom cher à l'Eglise comme à l'amitié, c'est un nom cher à la Comté : « Venez, Mérode, venez ! » Il l'appelait ainsi des yeux et de la voix, celui qui fut si longtemps son frère d'armes et avec qui il avait tant de fois partagé la plus auguste confiance. « Venez, Mérode, venez ! » Ah ! n'en doutez pas, les mourants voient à travers le voile qui s'éclaircit et qui se déchire. Notre ami a vu l'illustre archevêque descendre, la palme à la main, le long des collines éternelles et s'avancer au-devant de lui. Il le presse, il l'appelle, il veut hâter l'heureuse rencontre : « Venez, Mérode, venez ! » Il est venu, il a pris la main du mourant. L'abîme est franchi, l'âme a passé, et afin que notre province assistât à ce passage, ce sont deux élèves du séminaire français, deux prêtres franc-comtois, qui se sont trouvés près de ce lit funèbre pour constater que cette âme avait passé avec une suprême douceur.

Que reste-t-il, après le départ de l'âme, sinon de rendre au corps les derniers devoirs et de le déposer dans le lieu bénit où il doit attendre la résurrection éternelle. Ce soin regarde, avant tous les autres, son cher neveu qui veillait auprès de lui depuis deux mois, dans ces cruelles alternatives où la crainte de le perdre et l'espérance de le sauver ont rendu le monde plus attentif à ces longues souffrances, plus sensible à cette glorieuse et triste mort. Mais aujourd'hui que le corps est arrivé dans la terre natale, nous sommes tous devenus comme les exécuteurs testamentaires des dernières volontés. Parents, amis, concitoyens, prêtres, fidèles, toute la ville d'Ornans, toute la vallée de la Loue n'a qu'un cœur et qu'une voix pour le dire. L'Eglise de Besançon envoie un de ses dignitaires pour présider aux obsèques ; le chapitre métropolitain revendique auprès du cercueil une place d'honneur ; enfin, dans le clergé qui entoure le défunt, qui ne distinguerait et ses vieux maîtres qui se sont tant de fois félicités d'être restés ses amis, et son curé qui pleure avec tant de larmes celui qui oubliait tous ses titres pour prendre ici celui d'humble et fidèle paroissien? Le testament que nous allons exécuter est celui d'un vrai serviteur du pape et de l'Eglise, d'un vrai Comtois. Il débute ainsi : « Je donne mon âme à Dieu, » mon cœur à Rome, mon corps à mon pays natal. Je désire être » enterré aux pieds de Notre-Dame du Chêne, qui est la porte du » Ciel. » Notre-Dame du Chêne a donc eu la dernière pensée de Mgr Bastide. Il avait dans le cours de sa maladie senti monter vers lui comme une odeur de ce vallon embaumé. Il lui semblait vous revoir en revoyant son neveu, goûtant, disait-il, je ne sais quel parfum des foins coupés, entendant le bruit de vos usines qui ne se taisent ni jour ni nuit, démêlant jusque dans les accents des cloches de la ville éternelle comme un accent de la cloche natale. O fleurs du vallon, vous ne serez plus coupées sous ses yeux, mais c'est autour de son tombeau que vous allez croître et vous épanouir. Ce sont ses dernières funérailles que la cloche natale sonne aujourd'hui, et nous nous mettons en marche vers le tombeau qu'il a choisi pour y dormir le sommeil du juste. Accueillez, ô Marie, les vœux que nous formons à notre tour, en publiant le dernier vœu de ce prélat qui vous fut si cher! Que votre sanctuaire soit, pour nous comme pour lui, le vestibule de la résurrection et de la gloire! C'est pour notre cher et illustre défunt, c'est pour nous-mêmes, c'est pour tout ce peuple que nous vous demandons avec instance d'être en toute vérité la porte du Ciel !

BESANÇON, IMPRIMERIE DE J. JACQUIN.

www.ingramcontent.com/pod-product-compliance
Lightning Source LLC
Chambersburg PA
CBHW060618050426
42451CB00012B/2315